KLEINE TEXTE FÜR THEOLOGISCHE VORLESUNGEN UND ÜBUNGEN

HERAUSGEGEBEN VON HANS LIETZMANN

21

DIE WITTENBERGER

UND

LEISNIGER KASTENORDNUNG

1522 1523

HERAUSGEGEBEN

VON

LIC. HANS LIETZMANN

A. O. PROFESSOR IN JENA

PREIS 0,60 MARK

BONN

A. MARCUS UND E. WEBER'S VERLAG

1907

Die Wittenberger ordnung ist am 24 Jan. 1522 auf betreiben ihres verfassers Karlstadt erlassen worden. Ueber die näheren umstände vgl. H. Barge Andreas Bodenstein von Karlstadt 1905, I s. 378 ff. Eine art ausführungsbestimmung liefert die wohl wenig nachher verfaßte, von Barge entdeckte, a. a. o. bd. II s. 559 abgedruckte und bd. I s. 498 gewertete „Ordnung des gemeinen Beutels zu Wittenberg". O. Clemen hat in Zwickau eine handschrift entdeckt, die möglicherweise das concept unserer ordnung wiedergiebt: vgl. Studien u. Kritiken 1897 s. 820 ff. In den §§ 3, 14, 15 weicht dieser text stark ab, die §§ 16, 17 fehlen ganz. Zwei lesarten, in § 1 (s. 4 anm. 2) und § 9 (s. 5 anm. 3) bieten vielleicht die richtige correctur einfacher druckversehen. Vergl. ferner Sehling, d. evang. Kirchenordnungen d. XVI Jahrhunderts I (1902) s. 696.

Den text gebe ich nach dem originaldruck, der sich in der Jenenser Universitätsbibliothek befindet Bud. Var. o 635 (2). Titelblatt: Ain lob= liche ordnũg | der Fürstlichen stat Wittenberg | Im tausent fünfhundert vnd zway vnd | zwaintzigsten jar auffgericht. Keine zierleisten, ohne ort jahr und druckerangabe. sign. ij und iij.

Die Leisniger kastenordnung ist auf grund von verhandlungen Luthers mit der gemeinde des sächsischen städchens Leisnig a. d. Mulde entstanden. Am 25 Sept. 1522 war Luther nach Leisnig gereist (Briefwechsel hrsg. Enders IV s. 8), wo man bereits praktisch mit einführung der reformation begonnen hatte. Am 25 Jan. 1523 reisen dann zwei deputierte mit dem entwurf der ordnung zu Luther (Enders IV s. 69) und empfangen von ihm ein antwortschreiben an die gemeinde mit der anerkennung „und gefällt mir euer Ordenung und Bestellung des gemeinen Kastens fast wohl; hoff auch, es solle beide, Gott zu Ehren und vielen Leuten zu gutem Exempel christlichs Glaubens und Liebe erscheinen" (Enders IV s. 70). Bald danach wird die ordnung im druck erschienen sein: Luther gab sie selbst heraus „das sie eyn gemeyn exempel wurde, dem auch viel andere gemeynen nachfolgeten". Die ordnung ist tatsächlich eingeführt worden, wenn auch mit großen schwierigkeiten und nicht in allen punkten, s. Kawerau im Neuen Archiv f. Sächsische Geschichte u. Altertumskunde III (1882) s. 78 ff. Zum ganzen vgl. Köstlin-Kawerau Luther[5] I 549 ff. Kawerau in der Weimarer Lutherausgabe bd. 12 s. 1 ff. wo auch die Litteratur. Derselbe hat diese Kastenordnung bearbeitet und erklärt in Luthers Werke f. d. christl. Haus, hrsg. v. Buchwald Kawerau u. a. VII (1892) s. 107 ff. Vgl. auch Sehling d. evang. Kirchenordnungen d. XVI Jahrhunderts I 1902 s. 596 ff. Uhlhorn Christliche Liebesthätigkeit III 1890 s. 52 ff. Die meisten Nachrichten über Leisniger ortsverhältnisse verdanken wir den Mitteilungen des Geschichts- und Altertums-Vereins zu Leisnig (= Mitt.), sowie Johann Kamprad Leisnigker Chronica 1753.

Den text gebe ich nach dem Wittenberger originaldruck der Jenenser Universitätsbibliothek Bud. Var. o 635 (7). Titelblatt Ordenũg eyns ge= mey= | nen kastens. | Radschlag wie die gey= | stlichen gutter zu han= | deln sind. | Martinus Luther. | M.D.xxiij. in einem wappenschild, unter dem zwei löwen ruhen, darüber rankenwerk mit zwei engelsköpfen. sign. Aij bis

Diij. Die lesarten der in Leisnig befindlichen handschrift giebt Kawerau am rande der Weimarer ausgabe.

Die originaldrucke haben folgende druckfehler: 9_{29} faffen 13_4 gutter zinße 18_{16} Dem 19_{24} gebeben 20_2 entfpahen 22_1 getreidekauffen 24_{26} Ers

Von beiden texten ist ein dem originaldruck möglichst gleichkommender abdruck geboten mit allen schwierigkeiten der orthographie und interpunktion, da sie jeder überwinden lernen muß, der drucke aus der reformationszeit studieren will. Für germanistischen beirat bin ich herrn collegen A. Leitzmann zu dank verpflichtet.

Ordnung der Stat Wittemberg Anno domini M. D. xx. ij. auffgericht.

ERnstlich[1] ist einhelligklich beschlossen, das all zins der gotzheüser, all Priesterschafften[2], vnd alle zins der gewercken, söllen zuhauffen geschlagen vnd in ain gemainen kasten gepracht werden, dartzu seind verordnet zwen des radts zwen von der gemain, vnd ain schreyber, die sollich zins einnemen, inhaben, vnd darmit arm leüt versehen söllen.

2 Item es söllen hinfüro die zins der lehen der priester, wenn die durch absterben ains priesters loß fallen, auch in den selben gemainen kasten geschlagen, vnd kainer fürohin verlihen werden.

3 Es sol auch kain betler in vnser stat gelitten werden, wellich alters oder kranckhait halben zu arbaiten nit geschickt seind, sonder man sol die zu arbait treiben, oder auß der stat verweysen, die aber auß zufellen als kranckhait oder ander zufell halben von armut wegen, die söllen auß dem gemainen kasten durch die verordneten zymlicher[3] weyß versehen werden rc.

4 Item es sol was ordens die seind kain terminey[4] bey vns halten.

5 Item es sol kainem münch in vnser stat zu betlen gestattet werden, sonder sy mügen sich irer zins die sy yetzund haben, vnd darzu mit iren henden aufhalten[5] vnd neren.

6 Item es ist auch inuentiert alles das so die klöster yetzund bey vns habent, als kelch, patificalia[6], monstrantzen, vnd der gleichen auch all ir einkommen verzaychnet das sy besitzen vnd järlich auffzuheben habent.

7 Item kain frembder schuler sol in vnser stat geliten werden, wil aber ainer oder mer bey vns studieren der mag sich selb mit essen vnd trincken versehen, dann wir kainem wöllen gestatten zu betlen noch zu mendicieren.

---

1) Druckfehler für 'erstlich' entsprechend den folgenden 'item' 2) 'alle bruderschaft' liest die Zwickauer hs. Es gab deren 21 in Wittenberg: s. Barge, I 380 anm. 158 3) angemessener 4) 'terminey halten' ist entweder = 'terminieren', den stadtbezirk bettelnd durchziehen, oder eine 'terminey' (s. s. 17 anm. 6) haben. In Wittenberg war außer dem Augustinerkloster auch eins der Franziskaner 5) erhalten 6) 'pacificale' oder 'pax' heißt ein meist silbernes instrument, das beim Gottesdienst in der gemeinde zum küssen herumgereicht wird. s. Ducange Gloss. lat. VI (1886). s. v. pacificale I und pax p. 229[a], Rietschel, Liturgik I S. 389.

8 Item es söllen auch die Stacionierer[1] noch kainerlay kirchenbitter[2] nit geduldet werden, in ansehung das alle kirchen berayt vnd mer dann zuuil gebaut seind. ꝛc.

9 Auß dem gemainen kasten soll man auch armen handtwercksleüten die on das ir handtwerck nit vermügen täglich[3] zu treyben, leyhen, damit sy sich neren mügent, doch dasselb auff ain gesetzte zeyt widerumb zugelten[4], on ainiche verzinsung, welche aber vnuermüglich seinnd das wider zugeben, den sol man des vmb gots willen erlassen.

10 Item auß dem gemeinen kasten sol man armen waysen besonder junckfrawen zymlicher weyß beraten vnd außgeben[5] auch sunst armer leüt kinder.

11 Item wa[6] aber sollich zinß zu sollichen guten wercken nit gnugsam seind, oder sich nitt als weyt[7] erstrecken wurden, so sol ain yeder, er sey priester oder burger, nach dem er hat, järlich ain summa gelts, dem armen hauffen zu auffhaltung raychen.

12 Item die Priester die wir yetzund haben, dieweyl ir zinß auch in den gemainen kasten gezogen seint, daruon sich yeder järlichen von den Vigilien die sy halten, bey acht guldin gehabt haben, söllen mit sechs guldin järlich versehen werden, dieweyl dann die Meß vnd Vigilien vergeen, mügent sy für das selbig gelt arm kranck leüt ersuchen, vnnd in iren nöten trösten, doch söllen sy nyemant zu Testamentarien bestellen noch halten[8].

13 Item die bild vnd altarien in der kirchen söllen auch abgethon werden, damit abgöttereу zu vermeyden, dann drey altaria on bild genug seind.

14 Item die messen söllen nit anderst gehalten werden, dann wie sy Christus am abentessen hat eingesetzt, doch vmb ettlicher sachen vmbs glauben willen, lasset man singen, de tempore, vnd nit de sanctis[9], vnd singet Introitum, kyrieleison, gloria in excelsis, et in terra, collecta, oder preces, epistel, gradualia, on sequens, euangelium, credo, offertorium, prefatio, Sanctus, on Canonen maior und minor[10], dieweyl die geschrifft nit gemeß seind, darnach vacht[11] an das Ewangelisch mal, sein communicanten, so consecriert der priester, seind sy nit da, so consecriert er vnd summiert[12] es, hat er anders andacht dartzu, darnach concludiert er mit der Collecten, on Ite missa est. Es mag auch der communicant die consecrierten Hostien in

---

[1]) bettelmönche, die mit reliquien umherwandern und gaben sammeln. vgl. Uhlhorn, Liebesthätigkeit II, 431 ff. und Alwin Schultz, deutsches Leben im XIV und XV Jh. S. 224 f. [2]) mönche, die für den bau einer kirche betteln. Schon am 5/6 Oct. 1521 war ein bettelnder Antoniusmönch von den studenten geprügelt worden s. Köstlin Luther [5] I 474 [3]) 'redelich' Zwickauer hs. [4]) zurückzugeben (vergelten) [5]) ausstatten, verheiraten [6]) wo [7]) (al)so weit [8]) sie sollen niemand dazu anhalten, daß er sein testament zu ihren gunsten macht [9]) es soll nun der erste teil des Missale, enthaltend die missae de tempore, nicht der zweite teil mit den heiligenmessen verwendet werden [10]) Canon maior ist der Canon Missae § 19—30, Canon minor sind die Offertoriumgebete § 13—14 (vgl. heft 19) [11]) fängt [12]) Vgl. Ordo Missae § 37: 'sumit ambas partes hostiae'

die hand nemen, vnd selbs in den mund schieben, dergleychen auch den kelch, vnd darauß trincken.

15 Wöllen auch hinfüro nit gestatten, das vnerlich[1] personen sich füro an bey vns söllen enthalten, sonder söllent zu der ee greyfen, wöllen sy das nit thun, so sy seßhafft seind, sol man sy vertreyben, sein sy aber vnseßhafft, sol in sonderhait der wirt der sy duldet, hochlich gestrafft werden, vnd über das söllen die, so sy aines vnerlichen wesen oder lebens befleyssend, auß der stat vertriben werden.

16 So[2] auch vnser mitburger vnd inwoner mit den zinsen zu hoch beschwert, also, das sy fünff oder sechs guldin vom hundert bißher gegeben, oder mügen die ablegen[3], seynd sy des vermügens nit, wöllen wir jnen die haubt summa auß dem gemainen kasten thun, also das sy vier guldin vom hundert dem gemeinen kasten järlich biß sy die haubt summa ablegen, zinsen. Wir tragen aber zu der Gaystlichait bey vns dise zuuersicht, sy werden sich hierinnen auch christenlicher liebe befleyssen, vnd sich in dem sonderlichen gutwillig finden lassen.

17 Auch sol man sonderlich auffsehen haben[4], so armer leüt kinder als knaben, die zu der schul vnd studia geschickt seind, vnd doch armut halben darbey nit künden bleyben, das man den verleg[5], damit man altzeit gelert leüt hab, die das hailig Euangelium vnd geschrifft predigen, vnd das auch in weltlichen regimenten, an geschickten leüten nit mangel sey, die aber nitt geschickt seind, sol man jn zu handtwercken oder zu arbayt halten, dann in sollichem sonderlichen auffsehens von nöten ist.

Finis.

Martinus Luther Ecclesiastes

Allen Christen der gemeyne zu Leysnick, meynen lieben herrn und brudern ynn Christo, Gnad vnd frid von gott dem vater vnd vnßerm heyland Jhesu Christo.

Nach dem, euch lieben herrn vnd brüdere, der vatter aller barmhertzickeyt, sampt andern yn der gemeynschafft des Euangelij beruffen, vnd seynen son Jhesum Christum ynn ewer hertz scheynen lassen hatt, vnd sölcher reichtum der erkentnis Christi bey euch so krefftig vnd thettig ist, das yhr eyn new ordnung gottis diensts, vnd eyn gemeyn gutt dem exempel der Aposteln nach furgenomen habt

---

[1]) unzüchtige [2]) falls [3]) Construction nicht klar, vielleicht: ‘falls unsere mitbürger zu hoch beschwert sind, also daß sie 5—6 % zinsen gegeben haben, und davon frei werden wollen, so wollen wir ihnen, wenn sie unvermögend sind, das kapital aus dem gem. kasten leihen’ [4]) darauf achten [5]) denen die mittel gebe (‘verlegen’ so heut nur im buchhandel gebraucht)

Hab ich sölch ewer ordnung fur gutt angesehen, das sy durch den druck ausgienge, ob gott seynen gnedigen segen datzu geben wollt, das sie eyn gemeyn exempel wurde, dem auch viel andere gemeynen nachfolgeten, damit wyr auch von euch rhumen möchten wie sanct Paulus von den Corinthern [1] rhumet, das yhrer vleys habe viel gereytzt, Wie wol yhr euch des trostlich versehen vnd erwegen must, das, so es aus gott ist, was yhr anfahet, gar redlich [2] muße angefochten werden, denn der leydige satana wirt nicht rugen [3] noch feyren.

Weyl wyr denn hoffen, sölch ewer exempel solle geratten das es gemeyn werde, vnd daraus denn folgen will eyn grosser fall der vorigen stifften, klöster, Capellen vnd der grewlichen grundsuppen [4], die sich bisher vnter götlichs diensts namen mit aller wellt reichtum gefullet hatt, datzu denn auch geweltiglich hilfft das heylige Euangelion, das widder erfurbricht, vnd sölche lesterliche verdamliche gottis dienste aus malet [5] vnd an tag bringet, Zu dem das die geystlichen auch selbs also sich hallten, das nichts redlichs bey yhnen blieben ist, noch zu yhn hyneyn will, vnd sich allenthalben die sach also stellet als habe gott vnd die wellt der muncheren vnd geysterey [6] satt, vnd musse anders werden, ist der halben dennoch hie auffzusehen [7], das sölcher ledige stiffte gutter, nicht ynn die rappuße [8] kömen vnd eyn iglicher zu sich reysse was er erhasscht.

Darumb hab ich gedacht, yn der zeyt furzukumen [9] so viel myr gepurt vnd zustehet mit Christlichem radt vnd vermanung, denn syntemal ichs doch mus [10] gethan haben, wenn die klöster vnd stifft ledig werden, munch vnd nonnen sich wenigern, vnd alles was dem geystlichen stand zu abbruch vnd verkleynerunge geschehen mag. so will ich auch das nicht auff myr ligen lassen, so etliche geytzige wenste wurden sölche geystliche gutter zu sich reyssen, vnd mich als denen, der vrsach datzu geben hette, zum scheyn furwenden.

Denn wie wol ich besorge, das meynem radt wenig folgen werden wenn es so ferne [11] kompt, denn der geytz ist eyn vngehorsamer vngleubiger schalck, so will ich doch das meyne thun vnd meyn gewissen entledigen, vnd yhr gewissen beladen haben, das niemant sagen muge, ich hette geschwiegen odder zu lancksam mich hören lassen. Es neme nu an odder verachte meynen trewen radt wer do will, ich byn vnschuldig. Ich warne aber zuuor trewlich, vnd bitte freuntlich, das dißem meynem rate niemant gehorche noch folge thue, er wisse denn vnd verstehe grundlich wol aus dem Euangelio, das müncherey vnd geysterey, wie itzt gewesen ist bey vierhundert iaren keyn nutz vnd eyttel schedlich yrthum vnd verfurerey ist, denn sölch groß ding muß mit guttem festem Christlichem gewissen ange-

---

[1]) II Cor 9_2 [2]) kräftig [3]) ruhen [4]) bodensatz, hefe [5]) kennzeichnet [6]) 'geistlichen' unwesens [7]) darauf zu achten [8]) rappus = raptus [9]) zuvorzukommen [10]) soll (= dicunt) [11]) weit

griffen werden. Es wirt sonst vbel erger werden, vnd wirt am todbett gar eyn bößer rewling[1] komen.

Auffs erst were wol gutt, das keyn fellt kloster[2] als benedicter, Cistercer, Celestiner vnd der gleichen, yhe auff erden komen were, Nu sie aber da sind, ist das beste, das man sie lasse vergehen, odder wo man fuglich kan, datzu helffe, das sie reyn vnd gar weg komen, das mag aber geschehen auff diße zwo weyße, Die erste, das man die personen so drynnen sind, lasse frey von yhn selbs, so sie wöllen, eraus gehen, wie das Euangelion erlaubt, Die andere, das eyn igliche öberkeytt mit seynen klostern verschaffe[3], keyne person mehr auff zu nemen, vnd so yhr zu viel drynnen sind, anderswo hyn schicke, vnd die vbrigen lasse außsterben.

Weyl aber niemant zum glauben vnd Euangelio zu dringen ist, soll man die vbrigen personen, so ynn klostern, es sey allters, bauchs odder gewissens halben, bleyben, nicht ausstossen noch vnfreuntlich mit yhn handelln, sondern sie yhr leben lang lassen gnug haben, wie sie zuuor hetten gehabt, denn das Euangelion leret auch guttes thun den vnwirdigen, wie der hymelische vatter vber gutte vnd böße leßt regenen vnd sonne scheynen, vnd man muß hie ansehen, daß sölch person aus gemeyner blindheyt vnd yrtum yn sölchen stand geratten sind vnd nichts gelernet, da mit sie sich erneren kunden.

Doch ist das meyn radt, das die öbrickeyt sölcher klöster gutter zu sich neme, vnd die vbrigen personen so drynnen bleyben, dauon versorge, bis sie außsterben, auch reichlicher vnd milder, denn sie villeicht vorhyn versorgt geweßen sind, damit man yhe spure, das nicht der geytz dem geystlichen gut, sondern Christlicher glaube den klösterenen feynd sey, vnd hie ist nicht allererst, Bäbstliche odder Bisschoffliche laube[4] zu suchen, odder bann vnd vermaledeyung zu furchten, denn ich auch, diß schreybe alleyn den yhenigen, so das Euangelion verstehen, vnd sölchs zu thun mechtig sind ynn yhren landen, steten vnd öbrikeytten.

Auffs ander, die gütter sölcher kloster, so die öbrikeyt zu sich nympt, sollten dreyerley weyß gehandelt werden, Die erste, das man die personen so drynnen bleyben versorgt, wie itzt gesagt, Die ander, das man den personen so aus gehen, ettwas redlichs mit gebe, damit sie ettwas anfahen vnd sich ynn eynen stand begeben kunden, ob sie schon nichts haben hyneyn bracht, denn sie verlassen gleich wol die narung yhrs lebenlang, wenn sie ausgehen, vnd sind betrogen, hetten die weyl sie ym kloster geweßen, ettwas anders gelernet. Aber den yenigen, so hyneyn bracht haben, ist billich fur gott, das man widder gibt, yhe eyns teyls[5], denn hie soll Christlich liebe vnd nicht menschlicher recht[6] scherffe, richten, vnd soll yemand

[1]) reue [2]) die 'feldklöster' der Benediktiner und verwandten orden bilden den gegensatz zu den in den städten befindlichen klöstern der bettelorden s. s. 10 [3]) ausmache, anordne [4]) erlaubnis [5]) einen teil pro kopf [6]) rechte

schaden odder verlust tragen, das soll vber das kloster vnd nicht vber die personen gehen, denn das kloster ist vrsach yhres yrthumbs.

Aber die dritte weyße ist die beste, das man alles ander lasse zum gemeynen gutt eyns gemeynen kastens gelangen, daraus man nach Christlicher liebe, gebe vnd leyhe allen die ym lande durfftig sind, es sey eddel odder burger, damit man auch der stiffter testament vnd willen erfulle, denn wie wol sie geyrret vnd verfuret sind das sie es zu klöstern geben haben, ist dennoch iah yhr meynung geweßen, gott zu ehren vnd zu dienst geben, vnd haben also gefeylet[1], Nu ist keyn grosser gottis dienst denn Christlich liebe, die den durfftigen hilfft vnd dienet, wie Christus am iungsten tage selbs wirt bekennen vnd richten, Matt. 25. daher auch vor zeytten der kirchen gütter bona Ecclesie das ist, gemeyne gütter hiessen, wie eyn gemeyn kasten, fur alle die vnter den Christen durfftig waren.

Doch ist das auch billich vnnd Christlicher liebe gemeß, das wo der stiffter erben verarmet vnd nöttig weren, das den selben solch stifftung widder heym falle yhe eyn groß teyl, vnd alles miteynander, wo die nott so groß were, denn freylich yhrer vetter[2] meynung nicht geweßen ist, auch nicht hatt sollen seyn, yhren kindern vnd erben das brott aus dem maul nemen vnd anderßwo hyn wenden, vnd ob die meynung so geweßen were, ist sie falsch vnd vnchristlich, denn die vetter sind schuldig yhre kinder fur allen dingen zuuersorgen, das ist der höhist gottis dienst den sie mit zeyttlichem gutt thun mügen, Wo aber die erben nicht benottigt noch dürfftig sind, da sollten sie sölche yhrer väter stifftung nicht widder nemen, sondern dem gemeynen kasten lassen.

Möchst aber hie sagen, das loch ist zu weyt, damit wirt der gemeyne kasten wenig kriegen, denn yder man wirtts alles zu sich nemen vnd sagen er bedürffe seyn so viel rc. Anttwortt, darumb hab ich gesagt, das Christliche liebe mus hie richten vnd handeln, mit gesetzen vnd artickeln kan mans nicht fassen, ich schreybe auch dißen radt nur nach Christlicher liebe fur die Christen Vnd man mus sich des erwegen, das geytz ettwa wirt mit vnterlauffen, wie soll man thun? es mus darumb nicht nach bleyben[3]. Dennoch ists ya besser das der geytz zu viel nympt durch ordenliche weyße, denn das eyn rappuße draus wurde, wie ynn Behemer land geschehen ist. Eyn iglicher prüffe sich selbs, was er zu seyner nottürfft nemen, vnnd dem gemeynen kasten lassen soll.

Auffs dritte, sölche weyße gehöret auch auff die Bisthum, stiffte vnd capitel, die land vnd stedte vnd ander gutter vnter sich haben, denn sölche bischoffe vnd stiffte sind widder Bischoffe noch stiffte. Es sind ym grund der warheyt welltliche herrn, mit eym geystlichen namen, darumb sollt man sie welltliche herrn machen, odder die gütter den armen erben vnd freunden

---

[1]) so (d. h. in der form) gefehlt [2]) väter, d. h. der stifter [3]) unterbleiben

vnd dem gemeynen kasten austeylen. Was aber pfrunden vnd lehen sind, sollt man lassen bleyben den yhenigen so sie itzt ynnen haben, vnd nach yhrem todt niemant mehr verleyhen, sondern vnter die armen erben vnd ynn gemeynen kasten stossen.

Auffs vierde, Es stehen aber der klöster vnd stiffte gütter zum teyl, vnd pfrunde fast viel auff dem wucher, der sich itzt ynn aller wellt nennet den widderkauff vnd hatt die gantze wellt ynn kurtzen iaren verschlungen, sölche gütter muste man zuuor absondern von den erbgestifften gütter wie den aussatz, denn was ich droben geratten habe, will ich von den stifftungen gesagt haben, die an widderkauff [1], von rechten redlichen erbgüttern gestifftet sind, die stifft aber auff widderkauff gestifftet mag man wol fur wucher hallten, denn ich noch nie keynen rechten zinßkauff auff widderkauff gesehen odder gehort habe, darumb must man hie zuuor den wucher büssen, vnd eym yglichen widder geben das seyne, ehe mans ynn gemeynen kasten liesze komen, denn gott spricht, Ich byn feynd dem opffer das vom raube kompt [2]. Es were denn das man die nicht finden kunde so mit dem widderkauff beschedigt sind, das mocht denn der meyne kasten zu sich nemen.

Wie aber der widderkauf recht vnd vnrecht sey, ist itzt zu lang zuerzelen, ich habs gnugsam beschrieben ym sermon von dem wucher [3], daraus man denn sich erkunden mag, wie viel von sölchen pfreunden vnd stifften sey widder zu erstatten den zinßmennern [4], denn on zweyffel gar viel pfreunde lengest yhr haubtgellt [5] widderhaben, vnd hören doch nicht auff zu saugen der zinßmenner schweyß vnd blutt, das diß stuck fast der nöttigsten eyns ist, da keyßer vnd künige, fürsten vnd herrn vnd ydermann zu thun sollt.

Auffs funffte, aus den bettelklöstern ynn stedten, weren gutte schulen fur knaben vnd meydlyn zu machen, wie sie vor zeitten geweßen sind, aus den vbrigen klöstern aber, möcht man machen heußer, wo die stad yhr dürffte, denn der Bischoffe weyhung soll hie zu nicht hyndern, weyl Got nichts drum weyß, doch wo man dißen meynen radt wurde Christlich angreyffen, wurde sichs selbs geben, schicken vnd leren, mehr denn man itzt mit wortten kan furschlagen, denn die felle wurden sich manchfelltig vnd seltzam begeben, da niemant ynnen wol richten kan, denn Christliche lieb.

Wenn nu gott gebe, das dißer radt fortt gieng [6], so wurde man nicht alleyn eyn reichen gemeynen kasten haben fur alle notturfft, sondern drey

[1]) 'ohne wiederkauf' L. hält grundsätzlich das zinsnehmen von ausgeliehenem kapital ohne teilnahme an der arbeit und gefahr für sünde und 'wucher'. So officiell auch die kath. kirche, die aber in praxi auswege fand; namentlich der 'rentenkauf' oder 'zinskauf', zumal das anlegen zinstragender kapitalien in landwirtschaftlichen betrieben war auch kirchlich gebilligt worden [2]) Jes 61_8 [3]) Weim. Ausg. VI 1 ff. Erl. Ausg. 20, 89 ff. Vgl. Eck's vorzügliche einleitung zu L.s schrift „Von Kaufhandlung und Wucher" in Werke f. d. christl. Haus VII 494 ff. [4]) der 'zinsmann' zahlt dem 'zinsjunker' oder 'zinsherrn' die zinsen [5]) capital [6]) erfolg hätte

grosse vbel wurden abgehen vnd auffhören. Das erste die betteler, dadurch viel schaden geschicht landen vnd leutten, an seel vnd gutt. Das ander, der grewliche mißbrauch mit dem bann, welcher fast nicht mehr thutt, denn die leutte marttert vmb pfaffen vnd münche gütter willen, wo nu die gutter ab weren, durfft man sölchs bannes nicht Das dritte, der leydige zinßkauff der grössist wucher auff erden, wilcher sich bis her gerumbt hatt allermeyst ynn geystlichen guttern, das er da selbst recht sey.

Wer aber dißem radt nicht folgen will, odder seynem geytz darynnen büssen, den lasse ich faren, weys wol das wenig annehmen werden, so ist myr gnug, wenn eyner odder zween myr folgeten, odder yhe doch gerne folgen wollten. Es mus die wellt bleyben vnd satan der wellt furst, ich hab gethan was ich kan vnd schuldig byn, Gott helff vns allen, das wyr recht faren vnd bestendig bleyben Amen.

Inn dem nahmen der heilygen vngeteilten dreyfaldikeit Amen.

Wir Erbar manne, Radt, viertellmeister, Eldesten vnnd gemeine eynwonher der Stadt vnd dorffer[1] eingepfarter versamlunge vnd kirchspiels zu Leysneck. Nachdem durch die gnade des allmechtigen gotes, aus offenbarunge Christlicher Euangelischer schriffte, wir nicht alleyne eyn bestendigen glauben, sunder auch gruntlich wissenn, entpfangen, das alle ynnerliche vnd eusserliche vermogen der Christglaubigen, zu der ehre gottes, vnd liebe des nechsten eben Christen menschen[2], nach ordenunge vnd auffatzung[3] gotlicher warheit, vnd nicht nach menschlichem gutduncken, dienen vnnd gereichen sollen.

Bekennen vnd thun kund hierumb gegenwertiglich, Das wir fur vns vnd vnser nachkomen, nach gehabtem zeittigen rathe der gotlichen schrifftgelerten, dieße nach folgennde bruderliche vereynigunge[4], zwischen vnsere gemeinsamkeitt, die ytzunt ist, vnd kunfftigk sein wirdet, treulich vnd vnuerrucklich gehaltenn zu werden, vffgerichtet vnd beschlossen haben. Nemlich

Bestellunge des pfarrampts.

2 Wir wollen vnd sollen, zu aller zeitt, vnser Christliche freyheit, souill die bestellung vnnsers gemeinen pfarrambts, mit beruffung, erwellunge,

---

[1]) Die 'Ehrbar Manne' sind hier nicht wie sonst die ratsherrn, sondern die zum kirchspiel gehörigen adligen herrn, wie die unterschrift S. 24 zeigt. 'Viertellmeister' die vorsteher der vier zünfte der tuchmacher, bäcker, schuster, böttcher (s. S. 24). Die 'Aeltesten' sind die 'honoratioren'. Eingepfarrte Dörfer nennt das visitationsprotokoll von 1529 elf: Gorschmitz, Röda, Brösen, Tautendorf, Minckwitz, Meinitz, Neudörfchen, Dölen, Lichtenhain, Hasenberg, Liebgens Mühle (vgl. Nobbe in Mitteil. 7, 32f.) [2]) Mitchristen [3]) auseinandersetzung [4]) übereinkunft d. h. diese kastenordnung

setzunge vnd enntsetzunge, vnser selen sorger, alleyne zuuerkundigung des gottes worts vnd mitteilunge der Sacrament, belangen thut, nicht anders, dann nach aussetzung[1] vnd verordenung gotlicher Biblischer schrifften, handeln, vben vnd gebrauchen. Vnd ynn solchem Ertzgeistlichen furnemen, als die armen, einfeltigen, der gotlichen schrifftgelerten, bewerlichen, wollgegrunten[2] vnterweysung vnd ratschlage, ynn warer demutt gehorsamlichen[3], durch die gnade gottes vnderwurffen vnd gefolgig sein, wie wir des eyne klare verzeichnus bey vns, ynn vnser gemeynen verwarung haben vnd vnuerandert enthalden werden soll.

Vom anhoren gottlichs worts.

3 Wir wollen vnd sollen, auch ein yeder haußwirt vnd hawßwirtyn ynn vnserm kirchspiel, fur sich selbst auch seyne kinder, vnd hawßgesinde, dahin zuhalten aus Christlicher liebe verpflichtet sein, das heylsame, trostliche wort gottes, zu geordenten tagen vnd stunden, souill vns got gnade verleyet, treulich anhoren, vnd zur besserunge einbilden[4].

Ehre vnd gebott gotes handthaben.

4 Vber der ehre gottes wollen vnd sollen wir hawßwirte vnd hawßwirtynn, souil wir von gote gnade haben, ein yeder ynn seinem hawß, fur sich selbst, kinder vnd hawßgesinde, vestiglichen halten[5]. Offentliche gottes lesterunge, vbermessig zutrincken, hurerey, betriegliche toppel spiell[6], vnd andere sunde vnd laster, welche gotlichen gebotten gestracks vnd wissentlich entkegen, mit ernstem vleis vermeiden, verhuten vnd weren. Ab[7] auch bey eynigem[8] vnser gemeinsamkeit hyr ynne verhencknuß[9] oder vnfleis vermerckt wurde, sall alßdan eine gantze eingepfarte versamlunge gut fug vnd macht haben, sich hirumb anzunemen, durch geburliche mittell, hulffe vnd zuthun der Obrigkeit, solchs zu wirdiger straffe vnd seliger besserung zubringenn.

II Vermogen vorratht vnnd eynnahme zum gemeinen kasten.

5 Vff das nun vnser Christlicher glawbe ynn welchem alle guter zeittlich vnd ewiglich von dem ewigen gott durch vnsern hern vnd seligmacher Christum, aus lauttern gnaden vnnd barmhertzigkeit, erworben vnd vns mittgeteilet, tzu eigentlicher frucht der bruderlichen liebe, vnd die selbige liebe ynn die warheit vnd wercke der milden gutigkeit komen vnd gefurt werden mogen, Haben wir erstgnante gemeyne eingepfarte versamlunge, fur vns vnd vnser nachkomen, ynn volkomener eynmutigkeit, ein gemeinen kasten verordent, erhaben vnd vffgerichtet, verordenen, erheben vnd vffrichten, denselbigen hiermitt gegenwertiglich ynn krafft dieser vnser bruderlichen vereynigunge, vff meynunge, masße vnd gestalt, wie volgett.

Zu dem vermogen vnd vorrathe, ynn den gemeinen kasten, sollen dieße namhafftige stucke, zinße, guter, gerechtigkeiten, gelt vnd habe, allenthalben

---

[1]) auseinandersetzung [2]) bewährten, wohlgegründeten [3]) gehorsam (adverb) [4]) einprägen [5]) uber — halten = schützen [6]) würfelspiel [7]) falls [8]) manchem [9]) nachlässigkeit

zu hauffe geschlagen, eingesamlet, gebracht, als ewig verwidembt[1] vnd einuerleibt, sein vnd bleyben.

Eyn nahme pfarrguter vnnd gerechtigkeitt.

6 Alle guter vnd gerechtigkeitt, Erblehen, Erb vnd gatter zinße[2], Erbgerichte[3], hawß, hoffe, garten, acker, wießen, vorrathe vnnd farende habe, nichts außgeschlossen, souill allenthalben zum pfarrhe vnnd seelsorgen Ambt, alhier bey vns, durch die anfengliche stiffter vnd volgende mehrer, dar zu gegeben, verordent, vnd vber vorwerte[4] zeitt gehorig vnd ynn gebrauch geweßen. Welche guter vnd gerechtigkeit allenthalb, wir eingepfarte versamlunge, wes wir von wegenn vnnßers gemeinen pfarrambts, fugs vnd rechts, daran hetten oder gehaben mochten, zuerlangen. ynn allwege vnbegeben, furbehalten[5], ynnhalts[6] der handelung vnd abschiede. derhalben zwischen dem Abtte zum Buch[7], vnd vns, yn Churfurstlicher Cantzelley vnnsers gnedigstenn herrn des Churfursten zu Sachssen etc. ergangen. Vnd yn diesem vnnserm gemeinen kasten fur handen seint, deßgleichen was zur Schulen vnnd kusterey gehorig, auch ynn diesen kasten geschlagenn.

Eynnahme gotshawß guter gerechtigkeitt.

7 Alle guter vnnd gerechtigkeit, Erblehn, Erb vnnd gatter zinße, Brucken zol[8], barschafft, silberwerg, Cleinod, vorrath, farennde habe, Vnnd so allenthalben an gewissen vnd zufelligen[9] dingen, vnnserm gots hawße zustendig, Sollen gantz vnnd gar, sambt den brieuelichen vrkunden, verzeichnussen vnnd registern daruber sagende[10], Inn den gemeinen kasten miteingezogen sein, vnnd bleybenn.

Eynnahme der vier altarlehen vnd ander stifftungen guter vnd gerechtigkeitt.

8 Die vier Altarlehen[11] ynn vnnserm gots hawße, sollen furthin, wan die

---

[1]) gestiftet ('gewidmet') [2]) was 'gatterzinsen' sind, ist nicht ganz sicher: 'zinsen die man durch das hofgatter dem einnehmer reicht' [3]) 'erbgericht' ist der ertrag einer an einem grundstück erblich haftenden niederen gerichtsbarkeit [4]) frühere ('vorwärtse') [5]) was wir an diesen gütern für anrecht haben, dies zu erlangen allewege ohne verzicht, behalten wir uns vor [6]) entsprechend [7]) Das ende des XII jh. gegründete Cistercienserkloster Buch oder Ilgenthal, etwa eine stunde von Leisnig entfernt, hatte die lehnshoheit über die stadt lange gehabt, später wenigstens das patronat über die Leisniger pfarrkirche behalten; 1526 wurde es beim tode des abtes saecularisiert s. Altendorff in Mitteil. 5, 7 ff. Die Annalen des Klosters sind zusammengestellt von Hingst ebenda 5, 39 ff. 7, 1 ff. Kamprad s. 306 ff. [8]) 'brückenzoll' erhebt bisher offenbar die Matthäikirche auf der zu ihr führenden Muldenbrücke, deren unterhaltungspflicht ihr obliegt: sie besitzt auch eigene stiftungen für brückenreparaturen. Diese einkünfte samt der erhaltungspflicht sollen nun auf den gemeinen kasten übertragen werden; vgl. § 32 und Hingst in Mitt. 8, 71 ff. [9]) regelmäßigen und gelegentlichen einkünften [10]) diesbezügliche register [11]) sie betreffen je einen altar Corporis Christi, Annuntiationis Mariae, Conceptionis Mariae, Crucis, zu jedem gehörte ein kleriker, der in einem eigens dazu gestifteten hause wohnte und sein einkommen bezog: der bestdotierte altar Corporis Christi brachte jährlich 32 gulden 26 groschen 6 pfennige 1 heller ein; vgl. das Visitationsprotokoll Mitt. 7, 38 ff. und Haan, Mitt. 4, 60 ff. u. 9, 70

ytzigen belehnten altar priester verstorben, ader die lehnn süstennt[1], verlediget seint, nicht mehr verlihen, sunder die vier hewßer sambt den gutern, zinßen, einkomen, nutzungen, cleinodten. vorrathe vnnd farenderhabe, mit den brieuelichen vrkunden, vertzeichnussen vnnd registern, dar zu gehorig, ynn den gemeinen kasten gebracht werden, Vnnd dar zu alle begengnus, Jare tage[2], Ablaßwochen ader Octauen[3], vnd ander einlitzige[4] stifftungen vnd almussen, zum hospital vnd anderßwo, alles ynn gemeynen kasten geschlagen.

Eynnahme von Bruderschafften.

9 Was an barem gelde, tzinßkauffen, cleinodten silberwerck, vorrathe vnd farendehabe, zu den berumbten bruderschafften, des kalands[5], Sanct Annen, vnd der Schwknechte[6], biß anher, eingesamlet, vnnd denselbigen zustendig ist, mit den brinelichen vrkunden, vertzeichnussen vnd registern, allenthalben ynn diesen gemeinen kasten geschlagen vnnd verordent, dabey zubleybenn.

Eynnahme gotsgabe von handtwercken vnd bawerschafften.

10 Einlagen, Zunfftgerechtigkeitten, ansprachen[7], bussen, straffen, vnd koren[8], wes sich der dinge, bißanher ynnerhalb der Stadt bey den handtwercken, vnd außwendig vffm lande ynn dorffern, bey den bawern ym gemeinem vnnserm kirchspiell, ynn vorrathe, als gottes gaben, versamlet, vnnd furthin vber yarlang, versamlen werden, seint vnnd sollen allenthalb, ynn gemeinen kasten geschlagen, vnd miteingebracht werden.

Eynnahme essende speiße vnd gelt yn die Almußkisten vnd geltstocke.

11 Jn vnserm gottes hawße seint verordent, vnd sollen alltzeit ane verruckunge gehalden werden, tzwey vaß odder radtkiste[9], dareyn, brott, keße, eyer, fleysch ander speyße vnd vorrathe, Vnd ein stock[10] ader zwene, dareyn gelt, vnd also beiderley, zu vnterhaltunge des gemeinen kastens, eynzulegen. Deßgleichen sollen die almussen vnd milde handtreichung, so durch zwene, aus vnsern verordenten, allzeit, wan vnser kirchspiell, ym gotes hawß, yn versamlunge seint, von person zu personen, zu erhaltunge der armen, gebeten werden, auch ynn solche stocke zustundt gelegt vnd gewandt werden, Vnd die stucke des vorrats, so verterblich seint, sollen durch die verordenten, nach vermoge yres beuelhs[11], wie hernach volget, ane vertzihen zu notturfft vnter die armen außgeteylet, Was aber wehrhafftig[12] biss vff nechstuolgenden Sontagk, enthalden, vnd alßdann, zu nutze vnd bequemligkeit der armen, verfuget werdenn.

---

[1]) sonst [2]) seelenmessen, die am jahrestage des todes gelesen werden [3]) stiftungen mit der bedingung, daß in bestimmten zeiträumen jedesmal acht tage für den verstorbenen gebetet und dadurch für ihn ablaß erworben wird [4]) einmal jährlich zur verwendung kommende [5]) Die „Kalandsbruderschaft" (Uhlhorn II 426 ff.) versammelt sich zu geistlichen und geselligen zwecken an den „kalendae" jedes monats; sie hatte den altar Annuntiationis Mariae gestiftet s. Mitt. 9, 70; näheres über sie giebt Kamprad s. 182 ff. [6]) die religiöse organisation der schustergesellen vgl. Uhlhorn Liebesthätigkeit II 396 ff. [7]) forderungen (um die man jemand 'ansprechen' kann) [8]) durch gemeindebeschluß ('kür') festgesetzte strafe [9]) runde kiste mit reifen? [10]) opferstock [11]) befehls [12]) dauerhaft

Eynnahme gaben bey gesunden tagen vnd testament am todtbette.

12 Ander freye willige gaben, bey gesunden lebetagen, vnd testament am todtbette, ßouill zu der ehre gottes vnd liebe des nechsten, aus Christlicher andacht bescheen, es sey an gutern, baremgeldt, kleinodten, vorrathe vnd farenderhabe, sollen gantz vnd gar zu diesem gemeinem kasten gethan sein vnd bleyben, Auch treuliche vermahnunge durch vnser selensorger vffm predigstuel, vnd sustennd, auch weyll [1] die menschen bey vernunfft, am siechbette, mit verwilligunge der anwartenden erben [2], ynn ordentlichen fellen zuthun.

III Vorwesunge des gemeinen kasten zubestellenn.

13 Die verwesunge des gemeinen kasten, sall also bestellet vnd gethan werden. Nemlich, das alle iare ierlich, vff den Sontag nach dem achten [3] der heiligen drey konige tag, vngeuerlich, vmb eylffhor, eine gemeine eingepfarte versamlunge, vffm radthawße alhier, erscheynenn wollen vnd sollen, aldoselbst durch die gnade gottis, ynn warem Christlichen glawben, eintrechtigklichen, zehen furmunden [4] oder fursteher, zu dem gemeinen kasten, außm gantzen hauffen, ane vnderschied die tuglichsten, erwelen, Als nemlich, zwene Erbar manne, zwene des regirenden Rats, drey aus den gemeinen burgern ynn der stadt, vnd drey aus den bawern vffm lande, Welche zehen also erwelten, die burde dieser furwesung vnd furmundschafft, alßbaldt vmb gotes vnd gemeines nutzs willen, gutwillig vff sich nehmen vnd laden sollen, bey guten Christlichen gewissen, vnangesehen, gunst, neidt, nutz, forchte, odder einigerley vnzymliche vrsache, nach yrem besten vermogen, ynnhalts dieser gegenwertigen vnser vereynigunge, die verwesunge, eynnahme vnd außgabe, treulich vnd vngeuerlich zu handeln, pflichthafftigk vnd verbunden sein.

Beschliessunge des kastens mit vier besondern schlossern.

14 Dieser gemeyner kaste vnd beheltnus, sall yn vnserm gotshawße, an dem orthe, do es am sichersten, verwart sein, vnd mit vier vnderschiedlichen besundern schlossen, vnd schlusseln verschlossenn werden, also das die Erbarmanne einen, der Rath einen, die gemeine ynn der stadt einen, vnd die Bawerschaft vffm lande einen sonderlichen schlussell habenn.

Die vorsteher sollen alle sontage bey sammen sein.

15 Alle sontage Im iare, von eylffhora biß vmb zwey zur vesper zeitt, sollen die zehen vorsteher, ynn vnserm gemeinen pfarhofe, ader ym Radthawße, beysammen sein, vnnd aldo yrer vormundschafft vleissig pflegen, vnd gewertig sein, alle sembtlich radtschlagen vnnd handeln, damitt die ehre gottes, vnd die liebe des eben Christen menschen, yn ganghafftiger vbung, erhalten vnd zu besserunge angeschickt werden moge, Vnd sollen solche yre radtschlege, ynn vffrichtiger trewer geheyme, gehaltenn, vnnd vnordentlicher weiße, nicht geoffenbaret werden, Ab etliche aus Jnen, nicht allzeit entgegen [5], vnnd redlicher vrsache verhindert, soll gleichwoll der mehrerteyll, zu handeln vnnd vorfaren macht habenn.

---

[1]) und zwar so lange [2]) erben, welche die anwartschaft haben [3]) der Octave [4]) vormünder [5]) entsprechend [6]) zugegen

Drey bucher: dar ynne alle guter gerechtigkeitt vnd vorwesunge angezeichent.

16 Drey bucher oder register, sollen die zehen vorsteher vff die zeitt, aller Sontage, fur handen[1] haben, Nemlich

Das heubtbuch, dar ynne sollen beschrieben sein, vnd furthin werden, diese vnsere bruderliche vereynigunge, wie die selbige besigelt ym kasten ligt Alle brieueliche vrkunde, stifftungs brieue, vortzeichnus vnd erbregister, vber alle guter vnd gerechtigkeitten, so allenthalben yn gemeynen kasten, wie obin, gewandt, vnnd eingebracht, vnd kunfftiger zeitt dareyn gebracht vnd kommen werden.

Das handelbuch, dareyn sollen alle handelung, radtschlege, abschiede, erkundunge, nachforschung vnd beschließ, ßo allenthalben bey vnd vber der vorwesung eynnahme vnd außgabe des gemeinen kastens, bescheen, geubt vnd voltzogen, eigentlichen[2] eingeschrieben vnd vertzeichent werden, daraus man sich allzeit, nodturfftigs bescheids, zuerholen[3] haben moge.

Das Jarrechen Register[4], dareyn sollen beschrieben werden anfenglich, eyn volstendige vertzeichnus vnd Inuentarium, aller stucke des vorrats, farenderhabe cleinod, silberwerck vnd barschafft an gelde, ein iglichs mit rechter vnderschiedt, des gewichts tzalh vnd masß, den vorgemelten zehen vorstehern, als ein eynnahme[5] ynn yrhem ankomenn[6] eines iglichen Jares, stuckweiße vbergeantwurt, vnd widerumb berechent werdenn sollen, Hiereyn sollen auch alle Sontage wochentlich, alle vnd igliche eynnahmen, vnd außgaben, beschrieben werdenn, Alles nach ynnhaltt einer gemeinen rechnungs forma[7], welcher sich eine gantze versamlunge, vereyniget, vnd nach gelegenheitt hinfurder zuuereinigen haben wirdt, dauon allwege ein solch gemacht register, mit seinen notturfftigen capiteln geordent, vff den tag der erwelunge, den nawen zehen furstehern, durch die alten, gefasset vnd beschrieben, vberreicht werden sall, damitte schedliche yrthum vnd versewmnis furkomen[8]. Vnd wan dieße drey bucher wie oben, gebraucht wurden, sollen sie als baldt widerumb ynn gemeinen kasten eingeschlossen werden.

Alle einkomen vnnd schulde eynnahmen.

17 Die zehen vorsteher, sollen mit gantzem vleis alle zinße, vffhebunge, einkomen vnd schulde, beide standhafftige vnd zufellige[9], mahnen, vnd yn gemeinen kasten einbrengen, souill ymer moglich, vnd ane vnderdruckunge der armen bescheen kan, ynn vnuorrucklichem wesenn vnderhaldenn.

Ambt zweier bawhmeister.

18 Zwene Bawhmeister, sollen die tzehen vorsteher vnter sich selbst verorden, welche beyde, mit rathe vnd wissen der andern achte, versorgen sollen, die gebewhde, des Gotshawss, der Brucken, des pfarrhofes, der Schulen, der kusterey, der hospitalen, Auch das dieße beyde, ym gotshawße, mit zweien seckleyn oder taffeln, so offt vnnsere eingepfarte versamlunge

[1]) zur hand [2]) genau specialisiert [3]) nötigen bescheid zu holen [4]) jahr-rechen-register [5]) in das „Haben" gebucht [6]) beim amtsantritt [7]) entsprechend der üblichen form der buchführung [8]) zuvorzukommen [9]) s. s. 13 anm. 9

geginwertig, die almussen, zu erhaltung der armen, bitten, Vnd alßbald ynn die beyde dartzu verordente geltstocke, offentlich einschutten, dauon die schlussell ym gemeinem kasten sollen enthalden [1], vnd durch die zehen furstehеr sembtlich, das gelt hieraus alle sontage genomen, furder ynn gemeinen kasten gelegt, vnd yn das Rechenregister eigentlich beschrieben werden sall. Auch die almussen, ann essender speiße vnd vorrathe, welche verderblich, nach dem [2] es eins yeden Sontags fur notturfftig vnd gut angesehen, vnd durch die zehen vorsteher sembtlich beschlossenn, teglich vnter die armen außteylen. Was aber wehrhafftiger stucke, sollen aus den Almußkasten genohmen, vnd an beqwemen [3] orthen ym goteßhawße, allwege biß vff einen Sontag, verwart, vnd also furder nach ermessunge der zehen furstehеr, fur die armen außgewandt werdenn.

IIII Frembde beschwerungen abgelegt.

19 Nach dem wir Erbarmanne, Rath, viertelmeister Eldesten, vnd gemeine einwoner der stadt vnd dorffer vnnsers kirchspiels, fur vns vnd vnsere nachkomen yn krafft dieser vnnser vereinigung, beschlossen, vnd dieße mercklіche beschwerung, damitte eine gantze eingepfarte versamlunge vber die maßße, als von den frembden, ertichten, vnnotturfftigen armen vnd mussiggengern beladen, vnd yn vnserm selbst mangell verteufft gewest [4], aus rathe der gotlichen schrifftgelerteнn abgewandt vnd vffgehaben, yn maßßen [5] auch abgewand vnd vffgehaben sein vnd bleybenn sollen Nemlich.

Termineyen abgelegtt.

20 Keine monche, welchs ordens auch die seint, sollen furtmehr ynn vnserm kirchspiell, yn der stadt noch dorffern, eyncherley termineyen [6] haben, darumb ynen auch die drey termineyheuser, aus dem gemeinen kasten, vnd dem selbigen zugute, nach zimlicher wirderung [7], sollen vernuget [8] werden.

Betteln der monche: stationirer vnd kirchenbitter abgethan.

21 Keinem munche, keinem stationirer noch kirchenbitter [9], sall yn vnserm kirchspiell, yn der stadt vnd dorffern zu betteln ader zu betteln lassen, gestatet noch verhangen [10] werdenn.

Betteln fremder schuler abgelegt.

22 Kein fremd schuler sall ynn vnserm kirchspiell ynn der stadt noch dorffern czu betteln geliden werden, Will aber yemand yn die schule bey vns gehen, der mag ym selbst seine kost vnd narunge verschaffen.

---

[1]) aufbewahrt [2]) je nachdem [3]) angemessenen [4]) in unserm eigenen mangel vertieft gewesen [5]) so sollen sie dementsprechend . . [6]) 'Terminey' is das absteigequartier eines fremden ordens, der in der betr. stadt „terminieren" will, d. h. sie in seinen bettelbezirk einbegrenzt hat, s. s. 4 anm. 4. In Leisnig hatten solche (eigenen) häuser die Oschatzer Franziskaner, die Freiberger Dominikaner und die Waldheimer Augustiner. Diese häuser sind den bettelorden wie hier angeordnet auch tatsächlich abgekauft und in pfarrhäuser verwandelt worden vgl. Nobbe in Mitt. 7, 41 und Hingst Mitt. 8, 30 f. [7]) abschätzung [8]) vergütet [9]) vgl. s. 5 anm. 2 [10]) zugewiesen

Bettler vnnd bettleryn abgelegt.

23 Keyne betteler vnnd bettleryn sollen ynn vnnserm kirchspiell ynn der stadt noch dorffern, gelidden werden, dann welche mit alder oder kranckheitt nicht beladen, sollen arbeiten, ader aus vnnserm kirchspiell, aus der stadt vnnd dorffern, auch mit hulffe der obrigkeitt, hynwegk getrieben werden, Die aber aus zu fellen bey vns verarmen, ader aus kranckheit vnd alder, nicht arbeiten konnen, sollen durch die verordenten zehen, aus vnserm gemeinen kasten, zimlicher weiße versehen werden, yn massen hiernach volgett.

V Aussgabe vnd versehunge aussm gemeinen kastenn.

24 Hierumb wollen vnnd sollen nu furthin wir eingepfarte versamlunge vnd vnser nachkomen, aus vnserm gemeinen kasten, durch die zehen erwelte vnnser vorsteher, so weit sich vnser vermogen, mit gotes gnaden erstrecken wirdet, ernehren, versehen vnd erhalten, Vnd die außgaben wie volget, nach gelegenheit, thun vnd darlegen. Nemlich

Ausgabe des pfarr Ambts.

25 Den gemeinen vnsern beruffenen erwelten seelsorger ader pfarrer [1], zu sambt einem auch vnserm beruffenen prediger [2], ßo eym pfarrer (welcher doch selbst sein pfarrlich ambt, mit verkundigung des gottis worts, vnd anderm thun konnen vnd wissen sall) zu hulffe zugeordent, vnd dar zu ein Cappellan, ab es die notturfft erfordern wurde, sollen die zehen vorsteher, aus eintrechtigem beschliess der gantzen versamlunge, mit einer namhafftigen summa geldes, Vnnd etlichem genyeßlichem vorrathe vnd nutzunge, ligender grunde vnd guter, alle Jare ierlich, ye den vierdenteyll, vff eine quatemper [3] vnd viertell Jares, zu yrer zimlichen notturfft vnd vffenhaltunge [4] versehen, vnd aussm gemeinen kasten gegen geburlicher quitantz [5] vberreichen, Ann welchem yare gelde, vorrathe vnd nutzunge, als einer versorgunge, sie gesettiget sein sollenn, mit keinerley weiße etwas mehr, von den eingepfarten personen vnd menschen, zusuchen noch zuentpfahen, es weren dan vngesuchte ledige freye erbietungen vnd gabenn, sundern sollen sich nach der ordenunge vnd vnterweysunge, mit dem, vnd auch der verwesunge des gemeinen selensorgen Ambts, der gotlichen schrifftgelerten [6], halten, Welche ordenung yn vnserm gemeinen kastenn verwart, vnd durch die zehen vorsteher, alle Sontage

---

[1]) pfarrer war damals der aus kloster Buch ausgetretene Heinrich Kind: er wurde 1529 von den visitatoren „altershalber und sonst zum predigtamt und seelsorge unvermöglich und ungeschickt befunden“ und auf seine untertänigste bitte pensioniert s. Nobbe in Mitt. 7, 33. Leisnig wird dann mit dem neuen pfarrer Wolfg. Fuß superintendentur (Kamprad s. 206 ff.) [2]) Magister Johann Gruner (s. Kawerau Weim. Ausg. 12, 3) danach Tileman Schnabel (ebenda s. 7 anm. 1) dann Dominicus Beyer (Kamprad 231 ff. giebt die weitere liste) [3]) Quatember als zinstermin ist jedesmal der Mittwoch der Quatemberfastenwoche, also Mittwoch vor Reminiscere und Trinitatis, nach Kreuzerhöhung (= 14 Sept.) und S. Lucia (13 Dec.) [4]) 'aufhaltung' = unterhalt [5]) quittung [6]) constr.: sollen sich mit diesem (besoldungspunkte) und auch mit der verwaltung des seelsorgeramtes nach der ordnung und unterweisung des in der göttlichen schrift gelehrten verhalten.

vleissig sall bewogen vnd gefordert werden, damitte an dem seelsorgenambt, kein abbruch geschee.

Ausgabe fur die Custerey.

26 Dem kirchner ader kuster, welchem von einer versamlunge, das gotes hawss zuuerschliesßenn, vnd die zimlichen dinste dabey zuthun, beuolhen, sall durch die zehen fursteher, aussm gemeinen kasten ein namhafftig yaergelt, vnd etlicher genyßlicher vorrath, auch Nutzunge, vff die vier virteyll iares gegeben werden, wie solchs durch die versamlung beschlossen, vnd yn der schrifftlichen ordenung, des gemeinen seelsorgen Ambts, wie obin, zu sambt der kusterey dinsten, mitbegriffenn.

Ausgabe fur die zucht schulen.

27 Einen schulmeister[1] fur die yungen knaben, zuberuffen, setzen vnd entsetzen, sollen die zehen verordente fursteher yn nahmen vnser gemeinen eingepfarten versamlunge, macht vnd beuelh haben, nach rathe vnd gut ansehen, vnsers erwelten seelsorgers vnd eins predigers[2], vnd ander gotlichen schrifftgelerten, damitte ein frommer vntadlicher wollgelerter man, zu Christlicher ehrlicher vnd erbarer zucht vnd vnterweysung der iugent, als einem hochnotigen ambte furgesetzt werde, welcher schulmeister yn seiner zeucht, lehre, leben vnd regierung, nach vermogen der ordenung vnsers gemeinen seelsorgenambts, wieobin, ym vorrathe vnsers kastens furhanden ligend, sich richten vnd vnuerandert zuhalten, verpflichtet sein sall, darumb aus vnserm gemeinen kasten ein namhafftig iargelt vnd etlichen vorrathe, vff die vier viertell iares, nach beschliess einer gemeinen versamlunge, durch die zehen fursteher, dem selbigen schulmeister, sall gegeben vnd vernuget werden, vnd sall daruber nichts mehr, aus vnser eingepfarten versamlunge, wie die yn vier vnderschieden obin angetzeigt, suchen noch entpfahen, Aber von frembden schulern, welche alleyne vff yre selbst eygene kost, vnd nicht vff bettley alhier sollen gelidden werden, mag der schulmeister, nach ermessunge eines pfarrers vnd predigers, sambt der zehen fursteher, billiche belonunge nehmen, Also das auch, den selbigen frembden Christliche zeucht vnd lehre, mittgeteylet werde, Vff diss schullambt vnd regierunge der iugent, sollen vnser seelsorger, prediger vnd zehen fursteher, ein vnnachlessig treulich vffsehen haben, vnd alle sontage, derwegen notturfftig[3] bedencken vnd ratschlag halten, vnd mit gestracktem[4] ernst handthaben, Dergleichen sall aus vnserm gemeinen kasten, durch die zehen fursteher, eine ehrliche, betagte, vntadliche weibs person mit eym iaergelde, vnd etlichem vorrathe versehen werden, die iungen meidlen vnder zwelff iaren, yn rechtlicher Christlicher zeucht, ehre vnd tugent, zu vnterweißen, vnd nach ynhalt der ordenunge, vnsers seelsorgen ambts, deutsch schreyben vnd leßen lernenn, etliche namhafftige[5] stunden, bey hellem lichten sonnenscheyn vnd an eym

[1]) über lehrer und schule berichtet näheres das visitationsprotokoll Mitt. 7, 36f. [2]) 'jenes einen' § 25 genannten [3]) so viel als not tut [4]) strengem [5]) 'namentlich' angegebene, bestimmte

ehrlichen[1] vnuerdechtigen orthe, vnd daruber auch nichts mehr, aus vnser versamlung suchen noch entpfahen, Aber von frembden meidlein, ab die anderßwo auher geschickt, yn die deutsche schule, mag solche weibsperson, nach rathe der zehen fursteher, mogliche[2] belonung auch nehmen, vnd die zehen fursteher, sollen ye mit hochem vleis, vff die zeucht vnd regirung dieser deutschen schulen vnd iungen meidleyn, vffsehen haben, Damitte Christliche zeucht ehre vnd tugent, vnuerrucklich erhalten werde.

Außgabe fur die gebrechlichen und alden armen menschenn.

28 Die menschen, so yn vnser eingepfarten versamlunge vnd kirchspiell, auß zufellen bey vns verarmen, von yren freunden, ab sie etliche vermogliche der selbigen hetten, mit hulffe verlassen weren, Auch welche aus kranckheit oder alder, nicht arbeiten konnen, vnd notturfftig[3] arm weren, sollen durch die zehen fursteher, wochentlich alle sontage, vnd sustend nach gelegenheit, aus vnserm gemeinen kasten erhalten vnd versehen werden, Alßo, das sie yre leib vnd leben, gotte zu ehre vnd lobe, aus mangell notturfftiger[4] hawsunge, kleidung, nahrunge, vnd wartunge, ferner zukrenckenn[5] schwechen vnd verkurtzen, aus Christlicher liebe, verhutter sein mogen, Vnd ye von keinem armen, vnter vnser versamlunge, solche stucke der teglichen notturfft, offentlich geruffen, geklaget[6] vnd gebettelt, werden durffen, darumb sollen die zehen fursteher, mit grossem steten vleis, erkundunge vnd nachforschunge furwenden, vnd warhafftig gruntlich wissen haben, aller solcher armen, wieobin, yn der stadt vnd dorffern, ynnerhalb vnsers gantzen kirchspiels, vnd daruber alle sontage ratschlagen, vnd die nahmen der ienigen armen, welche also erforschet, vnd ynen hulffe zuthun, beschlossen[7], sollen zusambt dem beschlossenen ratschlage, yn das handellbuch, klerlich eingeschrieben werden damitte das vermogen aus vnserm gemeinen kasten, ordentlich außgeteylet werde.

Außgabe versehunge der weyhsen vnd armen kinder.

29 Arme verlassene weyhsen, sollen mit zucht vnd leibs notturfft, biss sie yre broth verdienen vnd erarbeiten konnen, durch die fursteher, auffm gemeinen kasten, ynnerhalb der stadt vnd dorffern, vnsers gantzen kirchspiels, nach gelegenheit versorget werden, Ab auch vnter solchen weyhsen, ader armer vnuermogender leute kindern, iunge knaben befunden, welche zu der schule woll geschickt, vnd begreifflich der freyen kunste vnd schriffte[8] sein wurden, die sollen neben den andern armen menschen, durch die fursteher, auffm gemeinen kasten, erneret vnd versehen werden, Vnd die andern knaben zur arbeit, handtwercken, vnd zimlichen[9] gewerben gefordert werden, Die iungfrawen vnter solchen verlassen weyhsen, deßgleichen armer leutte

[1]) anständigen s. s. 6 anm. 1 [2]) eine den eltern 'mögliche' d. h. angemessene [3]) notleidend [4]) nötiger [5]) 'kränken' im eigentlichen sinn = krankmachen [6]) den vorübergehenden auf der straße zugerufen und geklagt [7]) constr.: 'und denen hülfe zu tun beschlossen ist' [8]) litterarum [9]) angemessenen

tochter, sollen auch durch die fursteher, aussm gemeynen kasten, zum ehstande beraten werden, mit einer zimlichen[1] hulffe.

Ausgabe versehunge hawßarmer leutte.

30 Handtwercks leutten, vnd andern hawß armen leuten, die yn ehlichem oder witwen stande, yn der stadt vnd dorffern, ynnerhalb vnsers kirchspiels, wonhafftig seint, vnd nicht vermogen, noch sustend anderswo hulffe haben, yre handtwercke burgerlich, vnd bawers narung redlich, zutreyben vnd arbeiten, sollen die fursteher aussm gemeinen kasten, zimliche furstreckunge thun, vff mogliche tagezeitt[2] wider zubetzalen, Welche aber, vber[3] yre trewe erbeit vnd vleis, solchs nicht vermochten wider zugeben, denen sall es, als zu yrer notturfft, vmb gotes willen erlassen werden, solche gelegenheit, sall durch die fursteher eigentlich[4] erkundet werden.

Ausgabe versehunge fremder einkomlinge.

31 Frembden einkomlingen, welchs stands, sie mannes oder weibes personen weren, vnd Christlich bruderliche zuuersicht, zu vnser gemeinen versamlunge haben, vnd ynnerhalb der stadt oder dorffern yn vnserm kirchspiell, mit yrer arbeit muhe vnd vleis yre narunge suchen wurden, sollen die zehen fursteher treuliche forderunge thun, auch aus vnserm gemeinen kasten, mit leyhen vnd geben nach gelegenheit zimlichen zu hulffe komen, damitte auch die frembden nicht trostloß verlassen, vnd fur schanden vnd offen sunden errettigett sein mogen.

Ausgabe fur enthalt vnd vffrichtunge der gebewhde.

32 Teglichen enthaldt[5] vnd besserung der gebewhde auch nawe[6] gebewhde, Nemlich an diesen volgenden orthen, dem gemeynen kasten zustendig, Das gotis hawß die Muldenbrucke, der pfarrhoff, die schule, die kusterey, die hospitalh, sollen die zehen fursteher, mit gutem vleis vnd fursichtigkeit, auch mit rathe der bawhfurstendigen, vnd bewerter bawhleute, berathschlagen, bestellen, thun vnd volfuren lassen, vnd die zugehorige notturfft mit beqwemigkeit[7] yn vorrathe verschaffen, vnd aussm gemeinen kasten die darlegung[8] thun, auch durch yre zwene bawmeister fuhren, vnd ander handtarbeit nach hergebrachter gewonheit beyn leuten yn der stadt vnd vffm lande, sonderlich zur brucken, durch bethe[9] zuerlangen.

Ausgabe getreide kauffen yn gemeinen vorrath.

33 Vnser eingepfarten versamlunge zu einem gemeinen nutze, sollen die zehen fursteher aus vnserm gemeinen kasten, neben der zulegunge[10] eins Radts aus yrer stadtkamer, eine redliche summa vnd antzalh korns vnd erbeiss[11], vff die schutehewßer[12], so dem Rathe vnd gemeinem kirchspiell zustendig, yn vorrathe einkauffen vnd verschaffen solchen vorrath, yn wollfeilen iaren ge-

---

[1]) angemessenen [2]) termin [3]) trotz [4]) genau [5]) unterhaltung [6]) neue. [7]) in angemessener weise vgl. s. 17 anm. 3 und s. 22 anm. 3 [8]) auszahlung [9]) durch 'entbietung' derjenigen, die an der reihe sind, die fuhren zu stellen und die handarbeit zu leisten [10]) dem zuschuß [11]) erbsen [12]) 'schüttehäuser', kornspeicher

treidekauffens, nicht angreiffen [1], sonder allwege mehren vnd stercken, damitte die einwoner gemeiner eingepfarten versamlunge, allenthalb yn der stadt vnd dorffern, yn zeit der anligenden notturfft [2], ym verkauffen, leyhen vnd geben, wie solchs durch die zehen fursteer fur gelegen vnd beqweme [3] angesehen wirdt, zu solchem vorrathe durch die gnade gottes, zuflucht vnd leibs narunge haben mögen, Was auch an getreide von ackerleutten yn der stadt oder bawern vffm lande, gemeinem nutze zu gute, aus milder handt gegeben ader zu testamenten bescheiden [4], vnd vber die erhaldunge der armen leutte, wieobin, vberbleiben wurde, sall auch zu diesem gemeinem vorrathe geschlagen, vnd wie gehortt zur notturfft der gantzen eingepfarten versamlunge gebraucht werden.

VI Jerliche zulage yn gemeynen kasten zuthun.

34 Wo auch die zinße, vffhebungen [5], gefelle vnd zugenge [6], ym furmögen vnd vorrathe vnsers gemeinen kastens wieobin stuckweiße angezeiget, nicht gnugsam [7] zuvnterhaltunge vnd versorgunge vnsers pfarrambts, kusterey, schulen, der notturfftigen armen, vnd gemeiner gebewhde, yn massen [8] ordentlich nacheinander außgesatzt [9], haben wir Erbarmanne, Rath, viertellmeister, eldesten, vnd gemeine einwoner der stadt vnd dorffer vnsers gantzen kirchspiels, fur vns vnd vnsere nachkomen, yn krafft dieser vnser bruderlichen vereynigunge eintrechtiglich beschlossen vnd verwilliget, das ein yeder Erbarman, burger vnd bawer, yn dem kirchspiell wonhafftig, nachdem er hat vnd vermag, fur sich sein weib vnd kinder, ierlichen ein gelt zulegen solle, damit die heubtsumma, so sich eine gemeine eingepfarte versamlunge, yn yrem bedencken vnd ratschlage, aus der yarrechnung, als fur notturfftig vnd gnugsam, belernen [10] vnd erkunden wurde, fur folh aus zubrengen [11] vnd zuerlangen sein moge, Hierzu sollen auch, so weitt sich vnser kirchspiell erstreckt, alle hawßgnossen, dienstgesinde, knapschafft der handtwercke, vnd andere personen, welche nicht hewßlich besessen [12], vnd doch vnsere pfarrechte sich mitt frawen [13] vnd gepr auchen, eine yede person, ein silbern groschen, allwege vff eine quatemper [14] vnd viertell yares, drey nawe pfennig, als den vierden teyll desselbigen groschen, yerlichen zuhulffe reichen, welchs ein yeder hawßwirt oder hawßwirtynne vleissig einbrengen, vnd furder den zehen furstehern, vff igliche quatemper vberantwortenn sall. Vnd eine eingepfarte versamlung wöllen vnd sollen sich ytzundt vnd kunfftiglich, solcher yerlichen geringen zulage vnd hulffe, zu der ehre gottes, vnd liebe des eben Christen menschen, nicht beschweren, yn betrachtung das hiefur, eine lange ewige zeitt, beide, die wonhafftige vnd nicht wonhafftige [15],

---

[1]) constr.: solchen vorrat in wohlfeilen jahren des getreidekaufens nicht angreifen [2]) der hereinbrechenden not [3]) angemessen [4]) testamentarisch vermacht [5]) erhebungen [6]) einkünfte [7]) genug sind [8]) wie [9]) auseinandergesetzt ist [10]) belehren [11]) 'für voll auszubringen' = voll zusammenzubringen [12]) hausbesitzer sind [13]) freuen [14]) vgl. s. 18 anm. 3 [15]) eingesessene und nichteingesessene

durch vnser gemeyne kirchspiell, mit vber messiger vntreglicher beschwerunge vnd abetzug [1], yn mancherley weysen vnd listen, ane vnderlasſs durchs gantze yaer vberladen vnd außgesogen [2], welcher dinge numaln, durch die gnade gottes, widerumb yn ware freyheit des Christlichen geists, gewandt vnd komen seint, vnd eym yeden Christen, mit hochstem vleis zuverhutten [3], solche Christliche freyheit zubedeckunge des schentlichen geitzs, nicht missebrauchen.

VII Dreymalh ym iare gemeine versamlunge zuhaltenn.

35 Dreymalh ym iare, als Nemlich, den sontag nach dem achten tage [4] der heiligen dreykonige, den sontag nach sanct Vrbans tage [5], vnd den sontag nach sanct Michaels tage [6], wollen vnd sollen, eine gantze gemeine eingepfarte versamlunge, vmb eylffhora, vffm radthawße zuhauffe komen, vnd zum wenigsten biss vmb zwey hora, nach mittage aldo beharren, erstlich diese vnser bruderliche vereynigunge, offentlich verlesen vnd anhoren, aus vnterricht vnser zehen verordenten fursteher, mit furlegung yrer handell vnd rechenbucher, vnd sustend aus vnser aller gemeinem bedencken, die verwesunge, eynnahme vnd außgabe, vnsers gemeinen kastens, vnd sustend allenthalben, die notturfft vnd beqwemigkeit [7], zuberadtschlagen, auch durch die gnade gotes, entlich [8] zubeschliessen, damitte diese bruderliche vereynigunge, nach gelegenheit [9] des gemeinen vermogens vnd vorradts, erhalten, vnd nicht yn abnemenn kome, Ab auch ymands aus gemeynem kirchspiell, vff solche drey bestimbte tage, nicht gegenwertig sein kunde, wie doch ane mercklich grosse vrsache sich nymand dauon ewssern [10] solle, nichts weniger wie obin, berurt [11] durch den hauffen, ordentlich verfaren werden.

Fursteher yre volstendige iarrechnunge zuthun.

36 Vnsere zehen verordenten fursteher, sollenn alle yar ierlich, vff den sontag nach dem achten der heiligen dreyer konige, vnd volgend tage, nacheinander yre gantze iarrechnung, von verwesunge, eynnahme vnd außgabe, vnsers gemeynen kastens, durch yre handell vnd rechenbucher, vnd sustend mit yrem muntlichen bericht offentlich yn gegenwertigkeit vnser gemeinen versamlunge, ader einer mercklichen antzall vnd außschuß, von wegen vnd an stadt gantzer versamlunge, wie es die gelegenheit geben will, thun, furwenden [12] vnd volfurenn. Nachdem die forma vnd vnterricht, zu solcher yarrechnung aus gemeinem beschliesſs einer versamlunge, vff den ersten tag yres ankomens [13], wieobin bemeldet, gemacht, vnd den furstehern vbergeantwurt ader zugestellet worden ist, vnd wan solche rechnung von den furstehern bescheen vnd angenomen wurden, sollen die von einer versamlung wegen, mit vleissiger dancksagunge der selbigen nach aller notturfft, ledig,

---

[1]) (geld)abzug [2]) ausgesogen worden sind [3]) zu verhüten ist [4]) octave [5]) 25 Mai [6]) 29 Sept. [7]) vgl. s. 21 anm. 7 [8]) 'endlich' geht auf 'erstlich' oder ist 'definitiv' [9]) entsprechend dem zustand [10]) fernbleiben [11]) constr.: so soll nichtsdestoweniger in der oben berührten weise . . . [12]) vorlegen [13]) amtsantrittes

queid, vnd loſs geſaget werden[1], vnd als baldt ſollen ſie vnſern nawerwelten zehen furſtehern, eynantwurten vnd vberreichen den gemeinen kaſten, mit ſambt allen brieuelichen vrkunden, vertzeichnuſſen vnd regiſter, auch die drey bucher das heubtbuch, das handelbuch, die yarrechenbucher, ſouill der ſelbigen gemacht ſeint, vnd daneben lauts des ynuentarienn, alle ſtucke die nach beſchloſſener yrer rechnung, ym vorrathe vnd reſtat verblieben, getreide genyßlicher vorrath, farendehaben, cleinod, ſilberwerck, barſchafft an gelde, allerley notturfft zugebewhden, alles nach rechter vnderſchied des gewichts, zcalh vnd maſs, volkůmlich anweißen vnd vberantwurten, vnd ſolche vberantwortung ſall von nawen ordentlich yn ein ynuentarium vnd vertzeichnus anderweitt beſchrieben, vnd durch die erbarmanne, rethe, vnd vier handtwercke, yn nahmen gantzer verſamlunge, beſigelt, vnd yn gemeinen kaſten widerumb darauff zuberechen[2], hinderlegt werden.

Die nawen furſteher erholunge beyn alden zuhaben.

So mogen auch die nawen furſteher, ſo offt es ynen nodt ſein wirdt, bey den alden erholunge haben[3], welchs ſich die alden furſteher, vmb der ehre gottes vnd gemeines nutzs willen nicht beſchweren[4], ſunder trewen vnterricht vnd rath mitteylen ſollenn.

Zu warer vrkunde, vnd vff das dieße vnſer bruderliche vereynigunge, yn allen yren obgeſchrieben artikeln, ſtucken vnd puncten, nicht anders, dann alleyne zu der ehre gottes, vnd liebe des eben Chriſten menſchen vnd alſo gemeinem nutze zu gute, durch eine eingepfarte verſamlung alhier zu leyßneck, zu aller zeitt ſall gehandelt, gebraucht vnd gehandthabt werden treulich vnd ane alle geferde, haben wir erbarmanne, mit namen Baltaſer von arras, Baſtian von kotteritzſch[5] vnd Sigmundt von laußk, vnſere angeborne Erb inſigell[6], Vnd wir der radt vnſer ſtadt ſecrett[7], Vnd wir geſchworne handtwercks meiſter der vier handtwercke. Nemlich, Tuchmacher, Becken Schuſter vnd Botticher, vnſere gewonliche handtwergs ſigill, von wegen vnd vff bitte aller vnd iglicher einwoner, yn der ſtadt vnd dorffern, vnſers kirchſpiells, mit offentlicher rechter wiſſentſchafft, fur vns vnd vnſere nachkomende eingepfarte verſamlunge, an dieße gegenwertige vnſer beſchreybung thun anhengen. Geſcheen unnd geben zu Leyſneck nach Chriſti vnſers lieben herrn geburt, tauſent funffhundert vnd ym dreyvndzwentzigſten yare.

[1]) sollen sie, nachdem ihnen der nötige dank ausgesprochen ist, der versammlung gegenüber für entlastet und der verpflichtungen quitt erklärt werden [2]) um bei der nächsten rechenschaftsablegung auf dieser grundlage zu rechnen [3]) sich rats erholen [4]) lästig empfinden [5]) Sebastian v. Kötteritzsch war im Januar 1523 nebst Franz Salbach bei Luther gewesen um mit ihm über diese kastenordnung zu verhandeln s. L's Briefwechsel hrsg. v. Enders IV 69f. u. Kawerau N. Archiv III 83 anm. 22 [6]) die lesart „Ers insigell" der ersten ausgabe ist ein sinnloser druckfehler: die handschrift in Leisnig hat deutlich „Erbinsigell" s. Nobbe in Mitt. 6, 61 anm. u. Kawerau in der Weim. Ausg. 12 s. 30, 26 [7]) 'geheimsiegel'

Frommannsche Buchdruckerei (Hermann Pohle) in Jena — 3140

FSC
www.fsc.org
MIX
Papier | Fördert gute Waldnutzung
FSC® C083411

Kolibri 360 GmbH
Ferdinand-Jühlke-Straße 7
99095 Erfurt, Deutschland
produktsicherheit@kolibri360.de

MIX
Papier | Fördert gute Waldnutzung
FSC® C083411

Kolibri 360 GmbH
Ferdinand-Jühlke-Straße 7
99095 Erfurt, Deutschland
produktsicherheit@kolibri360.de